Impressum
Verlag: BABADADA GmbH, Nedderfeld 112 , 22529 Hamburg
Geschäftsführer / Verlagsleitung: Harald Hof
Druck: Books on Demand GmbH, In de Tarpen 42, 22848 Norderstedt

Imprint
Publisher: BABADADA GmbH, Nedderfeld 112 , 22529 Hamburg, Germany
Managing Director / Publishing direction: Harald Hof
Print: Books on Demand GmbH, In de Tarpen 42, 22848 Norderstedt

das Klassenzimmer
salle de classe

dividieren
diviser

186/2

die Tafel
tableau noir

der Schulhof
cour (de récréation)

der Lehrer
professeur

das Papier
papier

schreiben
écrire

der Stift
stylo

der Schreibtisch
bureau

das Lineal
règle

das Buch
livre

die Schüler
élève

der Ranzen

cartable

die Federmappe

trousse

der Bleistift

crayon

der Bleistiftanspitzer

taille-crayon

das Radiergummi

gomme

der Zeichenblock

carnet à dessin

die Zeichnung
dessin

der Pinsel
pinceau

der Malkasten
boîte de peinture

die Schere
ciseaux

der Klebstoff
colle

das Übungsheft
cahier d'exercices

die Hausaufgabe
devoirs

die Zahl
chiffre

addieren
additionner

subtrahieren
soustraire

multiplizieren
multiplier

rechnen
calculer

der Buchstabe
lettre

das Alphabet
alphabet

das Wort
mot

der Text

texte

lesen

lire

die Kreide

craie

die Stunde

leçon

das Klassenbuch

livre de classe

die Prüfung

examen

das Zeugnis

certificat

die Schuluniform

uniforme scolaire

die Ausbildung

formation

das Lexikon

lexique

die Universität

université

das Mikroskop

microscope

die Karte

carte

der Papierkorb

corbeille à papier

das Hotel
hôtel

die Herberge
auberge

die Wechselstube
bureau de change

der Koffer
valise

das Auto
voiture

die Sprache

langue

ja / nein

oui / non

Okay

d'accord

Hallo

Salut

der Übersetzer

interprète

Danke

merci

Was kostet…?

Combien coûte…?

Ich verstehe nicht

Je ne comprends pas

das Problem

problème

Guten Abend!

Bonsoir !

Guten Morgen!

Bonjour !

Gute Nacht!

Bonne nuit !

Auf Wiedersehen

Au revoir

die Richtung

direction

das Gepäck

bagages

die Tasche

sac

der Rucksack

sac-à-dos

der Gast

hôte

das Zimmer

pièce

der Schlafsack

sac de couchage

das Zelt

tente

die Touristeninformation

office de tourisme

der Strand

plage

die Kreditkarte

carte de credit

das Frühstück

petit-déjeuner

das Mittagessen

déjeuner

das Abendessen

dîner

die Fahrkarte

billet

der Fahrstuhl

ascenseur

die Briefmarke

timbre

die Grenze

frontière

der Zoll

douane

die Botschaft

ambassade

das Visum

visa

der Pass

passeport

das Flugzeug
avion

das Schiff
navire

das Feuerwehrauto
véhicule de pompiers

der Bus
bus

der Lastwagen
camion

das Motorboot
bateau à moteur

das Fahrrad
bicyclette

das Auto
voiture

die Fähre

ferry

das Boot

barque

das Motorrad

moto

das Polizeiauto

voiture de police

das Rennauto

voiture de course

der Mietwagen

voiture de location

das Carsharing

auto-partage

der Abschleppwagen

voiture de remorquage

das Müllauto

benne à ordures

der Motor

moteur

der Kraftstoff

essence

die Tankstelle

station d'essence

das Verkehrsschild

panneau indicateur

der Verkehr

trafic

der Stau

embouteillage

der Parkplatz

parking

der Bahnhof

gare

die Schienen

rails

der Zug

train

die Straßenbahn

tramway

der Wagon

wagon

der Helikopter

hélicoptère

der Flughafen

aéroport

der Tower

tour

der Passagier

passager

der Container

conteneur

der Karton

carton

der Karren

chariot

der Korb

corbeille

starten / landen

décoller / atterrir

die Stadt
ville

das Dorf

village

das Stadtzentrum

centre-ville

das Haus

maison

das Kino
cinéma

die Werbung
publicité

die Straßenlaterne
réverbère

die Straße
rue

das Taxi
taxi

der Kiosk
kiosque

der Fußgänger
piéton

CINEMA

der Bürgersteig
trottoir

der Zebrastreifen
passage piéton

die Mülltonne
poubelle

die Kreuzung
carrefour

die Ampel
feux de circulation

die Hütte

cabane

die Wohnung

appartement

der Bahnhof

gare

das Rathaus

mairie

das Museum

musée

die Schule

école

die Universität

université

die Bank

banque

das Krankenhaus

hôpital

das Hotel

hôtel

die Apotheke

pharmacie

das Büro

bureau

die Buchhandlung

librairie

das Geschäft

magasin

der Blumenladen

fleuriste

der Supermarkt

supermarché

der Markt

marché

das Kaufhaus

grand magasin

der Fischhändler

poissonnerie

das Einkaufszentrum

centre commercial

der Hafen

port

der Park
parc

die Bank
banque

die Brücke
pont

die Treppe
escaliers

die U-Bahn
métro

der Tunnel
tunnel

die Bushaltestelle
arrêt de bus

die Bar
bar

das Restaurant
restaurant

der Briefkasten
boîte à lettres

das Straßenschild
panneau indicateur

die Parkuhr
parcmètre

der Zoo
zoo

die Badeanstalt
piscine

die Moschee
mosquée

die Stadt - ville

der Bauernhof

ferme

die Umweltverschmutzung

pollution

der Friedhof

cimetière

die Kirche

église

der Spielplatz

aire de jeux

der Tempel

temple

die Landschaft

paysage

das Blatt
feuille

der Wegweiser
panneau indicateur

der Weg
chemin

die Wiese
pré

der Stein
pierre

der Baum
arbre

der Wanderer
randonneur

der Fluss
rivière

das Gras
herbe

die Blume
fleur

das Tal

vallée

der Berg

montagne

der See

lac

der Wald

forêt

die Wüste

désert

der Vulkan

volcan

das Schloss

château

der Regenbogen

arc-en-ciel

der Pilz

champignon

die Palme

palmier

der Moskito

moustique

die Fliege

mouche

die Ameise

fourmis

die Biene

abeille

die Spinne

araignée

die Landschaft - paysage · 15

der Käfer

coléoptère

der Frosch

grenouille

das Eichhörnchen

écureuil

der Igel

hérisson

der Hase

lièvre

die Eule

chouette

die Vogel

oiseau

der Schwan

cygne

das Wildschwein

sanglier

der Hirsch

cerf

der Elch

élan

der Staudamm

barrage

das Windrad

éolienne

das Solarmodul

panneau solaire

das Klima

climat

der Kellner
serveur

die Speisekarte
menu

der Stuhl
chaise

die Suppe
soupe

die Pizza
pizza

das Besteck
couverts

die Tischdecke
nappe

die Vorspeise
hors d'œuvre

das Hauptgericht
plat principal

die Nachspeise
dessert

die Getränke
boissons

das Essen
alimentation

die Flasche
bouteille

das Fastfood

fast-food

das Streetfood

plats à emporter

die Teekanne

théière

die Zuckerdose

sucrier

die Portion

portion

die Espressomaschine

machine à expresso

der Hochstuhl

chaise haute

die Rechnung

facture

das Tablett

plateau

das Messer

couteau

die Gabel

fourchette

der Löffel

cuillère

der Teelöffel

cuillère à thé

die Serviette

serviette

das Glas

verre

der Teller

assiette

der Suppenteller

assiette à soupe

die Untertasse

soucoupe

die Sauce

sauce

der Salzstreuer

salière

die Pfeffermühle

moulin à poivre

der Essig

vinaigre

das Öl

huile

die Gewürze

épices

das Ketchup

ketchup

der Senf

moutarde

die Mayonna se

mayonnaise

der Supermarkt
supermarché

das Angebot
offre promotionnelle

der Kunde
client

die Milchprodukte
produits laitiers

das Obst
fruits

der Einkaufswagen
chariot

die Schlachterei

boucherie

die Bäckerei

boulangerie

wiegen

peser

das Gemüse

légumes

das Fleisch

viande

die Tiefkühlkost

aliments surgelés

der Aufschnitt

charcuterie

die Konserven

conserves

das Waschmittel

poudre à lessive

die Süßigkeiten

bonbons

die Haushaltsartikel

articles ménagers

das Reinigungsmittel

détergents

die Verkäuferin

vendeuse

die Kasse

caisse

der Kassierer

caissier

die Einkaufsliste

liste d'achats

die Öffnungszeiten

heures d'ouverture

die Brieftasche

portefeuille

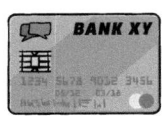

die Kreditkarte

carte de crédit

die Tasche

sac

die Plastiktüte

sac en plastique

das Wasser

eau

der Saft

jus de fruit

die Milch

lait

die Cola

coca

der Wein

vin

das Bier

bière

der Alkohol

alcool

der Kakao

chocolat chaud

der Tee

thé

der Kaffee

café

der Espresso

expresso

der Cappuccino

cappuccino

die Banane

banane

der Apfel

pomme

die Orange

orange

die Melone

melon

die Zitrone

citron

die Karotte

carotte

der Knoblauch

ail

der Bambus

bambou

die Zwiebel

oignon

der Pilz

champignon

die Nüsse

noisettes

die Nudeln

pâtes

die Spaghetti

spaghetti

der Reis

riz

der Salat

salade

die Pommes frites

pommes frites

die Bratkartoffeln

pommes de terre rôties

die Pizza

pizza

der Hamburger

hamburger

das Sandwich

sandwich

das Schnitzel

escalope

der Schinken

jambon

die Salami

salami

die Wurst

saucisse

das Huhn

poulet

der Braten

rôti

der Fisch

poisson

die Haferflocken

flocons d'avoine

das Müsli

muesli

die Cornflakes

cornflakes

das Mehl

farine

das Croissant

croissant

das Brötchen

petits-pairs

das Brot

pain

der Toast

pain grillé

die Kekse

biscuits

die Butter

beurre

der Quark

le fromage blanc

der Kuchen

gâteau

das Ei

œuf

das Spiegelei

œuf au plat

der Käse

fromage

die Eiscreme

glace

der Zucker

sucre

der Honig

miel

die Marmelade

confiture

die Nougat-Creme

crème nougat

das Curry

curry

das Bauernhaus
ferme

der Strohballen
botte de paille

die Scheune
grange

das Feld
champ

das Pferd
cheval

der Anhänger
remorque

das Fohler
poulain

der Traktor
tracteur

der Esel
âne

das Schaf
mouton

das Lamm
agneau

die Ziege

chèvre

die Kuh

vache

das Kalb

veau

das Schwein

porc

das Ferkel

porcelet

der Bulle

taureau

die Gans

oie

die Ente

canard

das Küken

poussin

das Huhn

poule

der Hahn

coq

die Ratte

rat

die Katze

chat

die Maus

souris

der Ochse

bœuf

der Hund

chien

die Hundehütte

chenil

der Gartenschlauch

tuyau de jardin

die Gießkanne

arrosoir

die Sense

faucheuse

der Pflug

charrue

der Bauernhof - ferme

die Sichel
faucille

die Hacke
pioche

die Mistgabel
fourche

die Axt
hache

die Schubkarre
brouette

der Trog
cuve

die Milchkanne
pot à lait

der Sack
sac

der Zaun
clôture

der Stall
étable

das Treibhaus
serre

der Boden
sol

die Saat
semences

der Dünger
engrais

der Mähdrescher
moissonneuse-batteuse

ernten

récolter

die Ernte

récolte

die Yamswurzel

igname

der Weizen

blé

das Soja

soja

die Kartoffel

pomme de terre

der Mais

maïs

der Raps

colza

der Obstbaum

arbre fruitier

der Maniok

manioc

das Getreide

céréales

der Schornstein
cheminée

das Dach
toit

die Regenrinne
gouttière

das Fenster
fenêtre

cie Garage
garage

die Klingel
sonnette

die Tür
porte

der Mülleimer
poubelle

der Briefkasten
boîte aux lettres

der Garten
jardin

das Wohnzimmer
salon

das Badezimmer
salle de bain

die Küche
cuisine

das Schlafzimmer
chambre à coucher

das Kinderzimmer
chambre d'enfant

das Esszimmer
salle à manger

der Boden

sol

die Wand

mur

die Decke

plafond

der Keller

cave

die Sauna

sauna

der Balkon

balcon

die Terrasse

terrasse

das Schwimmbad

piscine

der Rasenmäher

tondeuse à gazon

der Bettbezug

housse

die Bettdecke

couette

das Bett

lit

der Besen

balai

der Eimer

sceau

der Schalter

interrupteur

die Tapete
papier peint

das Bild
image

die Lampe
lampe

das Regal
étagère

der Schrank
armoire

der Fernseher
télé

der Kamin
cheminée

die Blume
fleur

das Kissen
coussin

das Sofa
sofa

die Vase
vase

die Fernbedienung
télécommande

der Teppich
tapis

der Vorhang
rideau

der Tisch
table

der Stuhl
chaise

der Schaukelstuhl
chaise à bascule

der Sessel
fauteuil

das Buch

livre

die Decke

couverture

die Dekoration

décoration

das Feuerholz

bois de chauffage

der Film

film

die Stereoanlage

chaîne hi-fi

der Schlüssel

clé

die Zeitung

journal

das Gemälde

peinture

das Poster

poster

das Radio

radio

der Notizblock

bloc-notes

der Staubsauger

aspirateur

der Kaktus

cactus

die Kerze

bougie

der Kühlschrank
réfrigérateur

die Mikrowelle
four à micro-ondes

die Küchenwaage
balance de cuisine

der Toaster
grille-pain

das Reinigungsmittel
détergent

der Backofen
four

das Gefrierfach
compartiment congélateur

der Mülleimer
poubelle

der Geschirrspüler
lave-vaisselle

der Herd
four

der Topf
casserole

der Eisentopf
marmite

der Wok / Kadai
wok / kadai

die Pfanne
poêle

der Wasserkocher
bouilloire electrique

der Dampfgarer

cuiseur vapeur

das Backblech

plaque de cuisson

das Geschirr

vaisselle

der Becher

gobelet

die Schale

coupe

die Essstäbchen

baguettes

die Suppenkelle

louche

der Pfannenwender

spatule

der Schneebesen

fouet

das Kochsieb

passoire

das Sieb

tamis

die Reibe

râpe

der Mörser

mortier

der Grill

barbecue

die Feuerstelle

cheminée

das Schneidebrett

planche à découper

das Nudelholz

rouleau à pâtisserie

der Korkenzieher

tire-bouchon

die Dose

boîte

der Dosenöffner

ouvre-boîte

der Topflappen

maniques

das Waschbecken

lavabo

die Bürste

brosse

der Schwamm

éponge

der Mixer

mixeur

die Gefriertruhe

congélateur

die Babyflasche

biberon

der Wasserhahn

robinet

die Dusche
douche

die Heizung
chauffage

das Handtuch
serviette

der Duschvorhang
rideau de douche

das Schaumbad
bain moussant

die Badewanne
baignoire

das Glas
verre

die Waschmaschine
machine à laver

der Wasserhahn
robinet

die Fliesen
carrelage

das Töpfchen
pot

das Waschbecken
lavabo

die Toilette

toilettes

die Hocktoilette

toilette à la turque

das Bidet

bidet

das Pissoir

urinoir

das Toilettenpapier

papier toilette

die Toilettenbürste

brosse à toilette

die Zahnbürste

brosse à dents

die Zahnpasta

dentifrice

die Zahnseide

fil dentaire

waschen

laver

die Handbrause

douche manuelle

die Intimdusche

douche intime

die Waschschüssel

vasque

die Rückenbürste

brosse dorsale

die Seife

savon

das Duschgel

gel douche

das Shampoo

shampooing

der Waschlappen

gant de toilette

der Abfluss

écoulement

die Creme

crème

das Deodorant

déodorant

der Spiegel

miroir

der Kosmetikspiegel

miroir cosmétique

der Rasierer

rasoir

der Rasierschaum

mousse à raser

das Rasierwasser

après-rasage

der Kamm

peigne

die Bürste

brosse

der Föhn

sèche-cheveux

das Haarspray

laque pour cheveux

das Makeup

fond de teint

der Lippenstift

rouge à lèvres

der Nagellack

vernis à ongles

die Watte

ouate

die Nagelschere

coupe-ongles

das Parfum

parfum

der Kulturbeutel

trousse de toilette

der Hocker

tabouret

die Waage

pèse-personne

der Bademantel

peignoir

die Gummihandschuhe

gants de nettoyage

das Tampon

tampon

die Damenbinde

serviettes hygiéniques

die Chemietoilette

toilette chimique

der Wecker
réveil

das Kuscheltier
doudou

das Spielzeugauto
voiture jouet

die Rassel
hochet

das Puppenhaus
maison de poupée

das Geschenk
cadeau

der Ballon
ballon

das Bett
lit

der Kinderwagen
poussette

das Kartenspiel
jeu de cartes

das Puzzle
puzzle

der Comic
bande dessinée

die Legosteine

pièces lego

die Bausteine

blocs de construction

die Action Figur

figurine

der Strampelanzug

grenouillère

das Frisbee

frisbee

das Mobile

mobile

das Brettspiel

jeu de société

der Würfel

dé

die Modelleisenbahn

train miniature

der Schnuller

sucette

die Party

fête

das Bilderbuch

livre d'images

der Ball

balle

die Puppe

poupée

spielen

jouer

der Sandkasten
bac à sable

die Schaukel
balançoire

das Spielzeug
jouets

die Spielkonsole
console de jeu

das Dreirad
tricycle

der Teddy
ours en peluche

der Kleiderschrank
armoire

die Kleidung
vêtements

die Socken
chaussettes

die Strümpfe
bas

die Strumpfhose
collant

der Schal
écharpe

der Regenschirm
parapluie

das T-Shirt
t-shirt

der Gürtel
ceinture

der Stiefel
bottes

die Hausschuhe
pantoufles

die Turnschuhe
baskets

die Sandalen

sandales

die Schuhe

chaussures

die Gummistiefel

bottes de caoutchouc

die Unterhose

sous-vêtements

der Büstenhalter

soutien-gorge

das Unterhemd

maillot de corps

der Body
body

die Hose
pantalon

die Jeans
jean

der Rock
jupe

die Bluse
chemisier

das Hemd
chemise

der Pullover
pull

der Kapuzenpullover
sweat à capuche

der Blazer
veste

die Jacke
veste

der Mantel
manteau

der Regenmantel
imperméable

das Kostüm
costume

das Kleid
robe

das Hochzeitskleid
robe de mariée

der Anzug
costume

das Nachthemd
chemise de nuit

der Schlafanzug
pyjama

der Sari
sari

das Kopftuch
foulard

der Turban
turban

die Burka
burqa

der Kaftan
caftan

die Abaya
abaya

der Badeanzug
maillot de bain

die Badehose
maillot de bain

die kurze Hose
short

der Trainingsanzug
tenue d'entraînement

die Schürze
tablier

die Handschuhe
gants

der Knopf

bouton

die Brille

lunettes

das Armband

bracelet

die Halskette

collier

der Ring

bague

der Ohrring

boucle d'oreille

die Mütze

bonnet

der Kleiderbügel

cintre

der Hut

chapeau

die Krawatte

cravate

der Reißverschluss

fermeture éclair

der Helm

casque

der Hosenträger

bretelles

die Schuluniform

uniforme scolaire

die Uniform

uniforme

das Lätzchen

bavoir

der Schnuller

sucette

die Windel

lange

der Server
serveur

der Aktenschrank
armoire d'archivage

der Drucker
imprimante

der Monitor
écran

das Papier
papier

der Schreibtisch
bureau

die Maus
souris

der Ordner
classeur

die Tastatur
clavier

der Papierkorb
corbeille à papier

der Stuhl
chaise

der Computer
ordinateur

der Kaffeebecher

tasse de café

der Taschenrechner

calculatrice

das Internet

internet

der Laptop

ordinateur portable

der Brief

lettre

die Nachricht

message

das Handy

portable

das Netzwerk

réseau

der Kopierer

photocopieuse

die Software

logiciel

das Telefon

téléphone

die Steckdose

prise

das Fax

fax

das Formular

formulaire

das Dokument

document

kaufen

acheter

bezahlen

payer

handeln

faire du commerce

das Geld

monnaie

der Dollar

dollar

der Euro

euro

der Yen

yen

der Rubel

rouble

der Franken

franc suisse

der Renminbi Yuan

renminbi yuan

die Rupie

roupie

der Geldautomat

distributeur automatique

die Wechselstube

bureau de change

das Gold

or

das Silber

argent

das Öl

pétrole

die Energie

énergie

der Preis

prix

der Vertrag

contrat

die Steuer

taxe

die Aktie

action

arbeiten

travailler

der Angestellte

employé

der Arbeitgeber

employeur

die Fabrik

usine

das Geschäft

magasin

der Polizist
agent de police

der Feuerwehrmann
pompier

der Koch
cuisinier

der Arzt
médecin

der Pilct
pilote

der Gärtner

jardinier

der Tischler

menuisier

die Näherin

couturière

der Richter

juge

der Chemiker

chimiste

der Schauspieler

acteur

der Busfahrer

conducteur de bus

der Taxifahrer

chauffeur de taxi

der Fischer

pêcheur

die Putzfrau

femme de ménage

der Dachdecker

couvreur

der Kellner

serveur

der Jäger

chasseur

der Maler

peintre

der Bäcker

boulanger

der Elektriker

électricien

der Bauarbeiter

ouvrier

der Ingenieur

ingénieur

der Schlachter

boucher

der Klempner

plombier

der Postbote

facteur

der Soldat

soldat

der Architekt

architecte

der Kassierer

caissier

der Florist

fleuriste

der Friseur

coiffeur

der Schaffner

contrôleur

der Mechaniker

mécanicien

der Kapitän

capitaine

der Zahnarzt

dentiste

der Wissenschaftler

scientifique

der Rabbi

rabbin

der Imam

imam

der Mönch

moine

der Geistliche

prêtre

der Hammer
marteau

die Zange
pinces

der Schraubendreher
tournevis

der Schraubenschlüssel
clé

die Taschenlar
torche

der Bagger
pelleteuse

der Werkzeugkasten
boîte à outils

die Leiter
échelle

die Säge
scie

die Nägel
clous

der Bohrer
perceuse

reparieren
réparer

die Schaufel
pelle

Mist!
Mince !

das Kehrblech
pelle

der Farbtopf
pot de peinture

die Schrauben
vis

die Musikinstrumente
instruments de musique

der Lautsprecher
haut-parleurs

das Schlagzeug
batterie

die Gitarre
guitare

der Kontrabass
contrebasse

die Trompete
trompette

das Klavier

piano

die Violine

violon

der Bass

basse

die Pauke

timbales

die Trommeln

tambour

das Keyboard

piano électrique

das Saxophon

saxophone

die Flöte

flûte

das Mikrofon

microphone

der Eingang
entrée

der Tiger
tigre

der Käfig
cage

das Zebra
zèbre

das Tierfutter
alimentation animale

der Panda
panda

die Tiere

animaux

der Elefant

éléphant

das Känguruh

kangourou

das Nashorn

rhinocéros

der Gorilla

gorille

der Bär

ours

das Kamel

chameau

der Strauß

autruche

der Löwe

lion

der Affe

singe

der Flamingo

flamand rose

der Papagei

perroquet

der Eisbär

ours polaire

der Pinguin

pingouin

der Hai

requin

der Pfau

paon

die Schlange

serpent

das Krokodil

crocodile

der Zoowärter

gardien de zoo

die Robbe

phoque

der Jaguar

jaguar

das Pony

poney

der Leopard

léopard

das Nilpferd

hippopotame

die Giraffe

girafe

der Adler

aigle

das Wildschwein

sanglier

der Fisch

poisson

die Schildkröte

tortue

das Walross

morse

der Fuchs

renard

die Gazelle

gazelle

das American Football
american Football

das Radfahren
cyclisme

das Tennis
tennis

der Basketball
basket-ball

das Schwimmen
natation

das Boxen
boxe

das Eishockey
hockey sur glace

der Fußball
football

das Badminton
badminton

die Leichtathletik
athlétisme

der Handball
handball

das Skilaufen
ski

das Polo
polo

lachen
rire

springen
sauter

umarmen
embrasser

gehen
marcher

singen
chanter

träumen
rêver

beten
prier

küssen
faire la bise

schreiben
écrire

zeichnen
dessiner

zeigen
montrer

drücken
pousser

geben
donner

nehmen
prendre

haben
avoir

tun
faire

sein
être

stehen
être debout

laufen
courir

ziehen
trier

werfen
jeter

fallen
tomber

liegen
être couché

warten
attendre

tragen
porter

sitzen
être assis

anziehen
s'habiller

schlafen
dormir

aufwachen
se réveiller

ansehen

regarder

weinen

pleurer

streicheln

caresser

kämmen

peigner

reden

parler

verstehen

comprendre

fragen

demander

hören

écouter

trinken

boire

essen

manger

aufräumen

ranger

lieben

aimer

kochen

cuire

fahren

conduire

fliegen

voler

segeln

faire de la voile

rechnen

calculer

lesen

lire

lernen

apprendre

arbeiten

travailler

heiraten

se marier

nähen

coudre

Zähne putzen

brosser les dents

töten

tuer

rauchen

fumer

senden

envoyer

Großmutter
rd-mère

der Großvater
grand-père

der Vater
père

die Mutter
mère

das Baby
bébé

die Tochter
fille

der Sohn
fils

der Gast

hôte

die Tante

tante

der Onkel

oncle

der Bruder

frère

die Schwester

sœur

die Stirn
front

das Auge
œil

das Gesicht
visage

das Kinn
menton

die Brust
poitrine

die Schulter
épaule

der Finger
doigt

die Hand
main

das Bein
jambe

der Arm
bras

das Baby

bébé

der Mann

homme

die Frau

femme

das Mädchen

fille

der Junge

garçon

der Kopf

tête

der Rücken
dos

der Bauch
ventre

der Nabel
nombril

der Zeh
orteil

die Ferse
talon

der Knochen
os

die Hüfte
hanche

das Knie
genou

der Ellenbogen
coude

die Nase
nez

das Gesäß
fesses

die Haut
peau

die Wange
joue

das Ohr
oreille

die Lippe
lèvre

der Mund

bouche

der Zahn

dent

die Zunge

langue

das Gehirn

cerveau

das Herz

cœur

der Muskel

muscle

die Lunge

poumons

die Leber

foie

der Magen

estomac

die Nieren

reins

der Geschlechtsverkehr

rapport sexuel

das Kondom

préservatif

die Eizelle

ovule

das Sperma

sperme

die Schwangerschaft

grossesse

die Menstruation

menstruation

die Vagina

vagin

der Penis

pénis

die Augenbraue

sourcil

das Haar

cheveux

der Hals

cou

das Krankenhaus
hôpital

der Krankenwagen
ambulance

der Rollstuhl
fauteuil roulant

der Bruch
fracture

der Arzt

médecin

die Notaufnahme

service des urgences

die Krankenschwester

infirmière

der Notfall

urgence

ohnmächtig

inconscient

der Schmerz

douleur

die Verletzung

blessure

die Blutung

hémorragie

der Herzinfarkt

crise cardiaque

der Schlaganfall

attaque cérébrale

die Allergie

allergie

der Husten

toux

das Fieber

fièvre

die Grippe

grippe

der Durchfall

diarrhée

die Kopfschmerzen

mal de tête

der Krebs

cancer

die Diabetis

diabète

der Chirurg

chirurgien

das Skalpell

scalpel

die Operat on

opération

das CT

CT

das Röntgen

radiographie

das Ultraschall

échographie

die Maske

masque

die Krankheit

maladie

das Wartezimmer

salle d'attente

die Krücke

béquille

das Pflaster

pansement

der Verband

pansement

die Injektion

injection

das Stethoskop

stéthoscope

die Trage

brancard

das Thermometer

thermomètre

die Geburt

accouchement

das Übergewicht

surcharge pondérale

das Hörgerät

appareil auditif

das Desinfektionsmittel

désinfectant

die Infektion

infection

das Virus

virus

das HIV / AIDS

VIH / sida

die Medizin

médicament

die Impfung

vaccination

die Tabletten

comprimés

die Pille

pilule

der Notruf

appel d'urgence

das Blutdruck-Messgerät

tensiomètre

krank / gesund

malade / sain

Hilfe!
Au secours !

der Alarm
alarme

der Überfall
assaut

der Angriff
attaque

die Gefahr
danger

der Notausgang
sortie de secours

Feuer!
Au feu!

der Feuerlöscher
extincteur

der Unfall
accident

der Erste-Hilfe-Koffer
trousse de premier secours

SOS
SOS

die Polizei
police

das Europa

Europe

das Nordamerika

Amérique du Nord

das Südamerika

Amérique du Sud

das Afrika

Afrique

das Asien

Asie

das Australien

Australie

der Atlantik

Océan atlantique

der Pazifik

Océan pacifique

der Indische Ozean

Océan indien

der Antarktische Ozean

Océan antarctique

der Arktische Ozean

Océan arctique

der Nordpol

pôle nord

der Südpol

pôle sud

die Antarktis

Antarctique

die Erde

terre

das Land

pays

das Meer

mer

die Insel

île

die Nation

nation

der Staat

état

das Zifferblatt

cadran

der Stundenzeiger

aiguille des heures

der Minutenzeiger

aiguille des minutes

der Sekundenzeiger

aiguille des secondes

Wie spät ist es?

Quelle heure est-il ?

der Tag

jour

die Zeit

temps

jetzt

maintenant

die Digitaluhr

montre digitale

die Minute

minute

die Stunde

heure

der Montag
lundi

der Mittwoch
mercredi

der Freitag
vendredi

der Dienstag
mardi

der Samstag
samedi

der Donnerstag
jeudi

der Sonntag
dimanche

gestern

hier

heute

aujourd'hui

morgen

demain

der Morgen

matin

der Mittag

midi

der Abend

soir

MO	TU	WE	TH	FR	SA	SU
1	2	3	4	5	6	7
8	9	10	11	12	13	14
15	16	17	18	19	20	21
22	23	24	25	26	27	28
29	30	31	1	2	3	4

die Arbeitstage

jours ouvrables

MO	TU	WE	TH	FR	SA	SU
1	2	3	4	5	6	7
8	9	10	11	12	13	14
15	16	17	18	19	20	21
22	23	24	25	26	27	28
29	30	31	1	2	3	4

das Wochenende

week-end

der Regen
pluie

der Regenbogen
arc-en-ciel

der Wind
vent

der Schnee
neige

der Frühling
printemps

der Herbst
automne

der Sommer
été

der Winter
hiver

die Wettervorhersage

météo

das Thermometer

thermomètre

der Sonnenschein

lumière du soleil

die Wolke

nuage

der Nebel

brouillard

die Luftfeuchtigkeit

humidité

der Blitz

foudre

der Donner

tonnerre

der Sturm

tempête

der Hagel

grêle

der Monsun

mousson

die Flut

inondation

das Eis

glace

der Januar

janvier

der Februar

février

der März

mars

der April

avril

der Mai

mai

der Juni

juin

der Juli

juillet

der August

août

der September
....
septembre

der Oktober
....
octobre

der November
....
novembre

der Dezember
....
décembre

die Formen
formes

der Kreis
....
cercle

das Quadrat
....
carré

das Rechteck
....
rectangle

das Dreieck
....
triangle

die Kugel
....
sphère

der Würfel
....
cube

die Farben
couleurs

weiß

blanc

gelb

jaune

orange

orange

pink

rose

rot

rouge

lila

violet

blau

bleu

grün

vert

braun

marron

grau

gris

schwarz

noir

viel / wenig

beaucoup / peu

wütend / friedlich

fâché / calme

hübsch / hässlich

joli / laid

der Anfang / das Ende

début / fin

groß / klein

grand / petit

hell / dunkel

clair / obscure

er Bruder / die Schwester

frère / soeur

sauber / schmutzig

propre / sale

vollständig / unvollständig

complet / incomplet

der Tag / die Nacht

jour / nuit

tot / lebendig

mort / vivant

breit / schmal

large / étroit

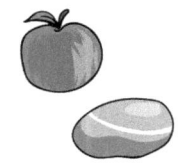

genießbar / ungenießbar

comestible / incomestible

böse / freundlich

méchant / gentil

aufgeregt / gelangweilt

excité / ennuyé

dick / dünn

gros / mince

zuerst / zuletzt

premier / dernier

der Freund / der Feind

ami / ennemi

voll / leer

plein / vide

hart / weich

dur / souple

schwer / leicht

lourd / léger

der Hunger / der Durst

faim / soif

krank / gesund

malade / sain

illegal / legal

illégal / légal

intelligent / dumm

intelligent / stupide

links / rechts

gauche / droite

nah / fern

proche / loin

neu / gebraucht

nouveau / usé

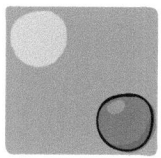

nichts / etwas

rien / quelque chose

alt / jung

vieux / jeune

an / aus

marche / arrêt

offen / geschlossen

ouvert / fermé

leise / laut

faible / fort

reich / arm

riche / pauvre

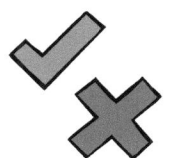

richtig / falsch

correct / incorrect

rau / glatt

rugueux / lisse

traurig / glücklich

triste / heureux

kurz / lang

court / long

langsam / schnell

lent / rapide

nass / trocken

mouillé / sec

warm / kühl

chaud / froid

der Krieg / der Frieden

guerre / paix

die Zahlen
nombres

0

null

zéro

1

eins

un / une

2

zwei

deux

3

drei

trois

4

vier

quatre

5

fünf

cinq

6

sechs

six

7

sieben

sept

8

acht

huit

9

neun

neuf

10

zehn

dix

11

elf

onze

12	**13**	**14**
zwölf	dreizehn	vierzehn
douze	treize	quatorze

15	**16**	**17**
fünfzehn	sechzehn	siebzehn
quinze	seize	dix-sept

18	**19**	**20**
achtzehn	neunzehn	zwanzig
dix-huit	dix-neuf	vingt

100	**1.000**	**1.000.000**
hundert	tausend	million
cent	mille	million

die Zahlen - nombres

Englisch

anglais

Amerikanisches Englisch

anglais américain

Chinesisch Mandarin

chinois mandarin

Hindi

hindi

Spanisch

espagnol

Französisch

français

Arabisch

arabe

Russisch

russe

Portugiesisch

portugais

Bengalisch

bengali

Deutsch

allemand

Japanisch

japonais

ich
....
je

du
....
tu

er / sie / es
....
il / elle / ce, c', cela

wir
....
nous

ihr
....
vous

sie
....
ils / elles

wer?
....
Qui ?

was?
....
Quoi ?

wie?
....
Comment ?

wo?
....
Où ?

wann?
....
Quand ?

Name
....
nom

hinter

derrière

in

dans

vor

devant

über

au-dessus

auf

sur

unter

en-dessous

neben

à côté de

zwischen

entre

der Ort

lieu